Te 23/142 A

AVIS AU PEUPLE.

Après la liberté, le premier bien est la santé.

Par JEAN-STANISLAS MITTIÉ, *Docteur-Régent de la Faculté de Médecine de Paris.*

PEUPLE souverain, dans ce moment où vous faites tous vos efforts pour assurer votre liberté, où chaque citoyen est comptable de sa portion de génie et de moyens pour concourir au bien général, je manquerois à une obligation sacrée et à mon dévoûment à la chose publique, si je ne payois pas à ma patrie le tribut que je lui dois.

Voué, par ma profession, au soulagement de mes semblables, j'aurois cru m'acquitter, foiblement, des fonctions de mon état, si l'amour de l'humanité, en excitant mon zele, ne m'eût porté à la secourir, avec plus de chaleur et de lumiere qu'on ne l'a fait jusqu'à présent.

Le desir d'être utile, a été, pour moi, un puissant aiguillon pour le devenir : voulant fixer, dans la carriere que j'avois à parcourir, l'objet auquel je me livrerois avec le plus de succès, pour le salut de mes concitoyens, j'ai

A.

considéré le tableau des maladies qui affligent l'humanité : le sujet qui a paru remplir mes vues, et satisfaire au besoin le plus grand et le plus urgent du peuple, a été la maladie vénérienne.

Maladie la plus commune, la moins connue et la plus mal traitée qu'il y ait en médecine, sur laquelle, depuis trois siecles, l'erreur, l'ignorance et le préjugé ont répandu un voile funebre, que je voudrois déchirer pour le salut du genre humain.

Cette maladie a fait les plaies les plus cruelles à tous les états, particulierement à la France. Depuis le quinzieme siecle, elle a perdu trois millions d'hommes par ce fléau ; plus de six millions ont traîné une vie languissante, et donné l'existence à une race d'êtres foibles et maléficiés, qui s'est éteinte à la deuxieme ou troisieme géneration, après avoir vécu plus à charge qu'utiles à l'état.

Aujourd'hui, sur vingt-cinq millions d'hommes en France, on en compte plus de deux cent mille attaqués à-la-fois de cette maladie ; ce nombre se renouvelle quatre fois par an ; ce qui fait à-peu-près un million de malades de ce genre dans le cours de chaque année.

De ce million de malades, plus de douze

(3)

mille nouveaux-nés meurent peu de temps après leur naissance, soit en nourrice, soit aux en-fans-trouvés; ceux-là infectent leur nourrice, celles-ci leurs propres enfans.

Parmi les adultes, quinze mille meurent du traitement fait par le mercure; trente mille languissent, et se ressentent long-temps ou toute leur vie des effets de ce remede.

Les hôpitaux civils et militaires, sur-tout les dépôts de mendicité, sont insuffisans pour donner des secours à tous les malheureux qui se présentent, et encore quels secours leur donne-t-on !

L'erreur, le préjugé, l'ignorance, le remede et la méthode sont par-tout les mêmes; par-tout ils ont les mêmes inconvéniens; et l'humanité a autant à frémir, que la raison à rougir, des traitemens qu'on leur fait.

Ces traitemens sont longs, cruels, aveugles, gênans, compliqués, inconséquens, désagréa-bles, coûteux, insuffisans, quelquefois mortels, et toujours accompagnés des dangers ou des accidens inséparables de la nature et de l'action du remede. La plupart des malades sont enfer-més pendant leur traitement, où ne peuvent vaquer à leurs travaux ordinaires.

Cet exposé que j'ai affoibli, considéré sous

tous les rapports, examiné dans tous ses points, présente le tableau le plus affligeant à l'homme sensible, et les effets les plus désastreux à l'homme d'état.

Il est difficile d'imaginer ou de calculer les torts que cette maladie fait à la population, aux arts, aux métiers, aux manufactures, au commerce, à la navigation, et les ravages qu'elle cause dans les campagnes, dans les grandes villes, sur-tout dans les ports, où elle est plus difficile à guérir, et le vide qu'elle laisse dans les armées de terre et de mer.

Ce que le particulier souffre, ce que la république perd, en argent, en travaux, en hommes, fait une somme de maux et de dommages, qui intéressent également la politique et l'humanité.

Cependant, ce fléau qu'on dit si grand, qu'on croit si dangereux, n'est tel que par la maniere fausse et inconséquente de l'envisager, et par les remèdes insuffisans et meurtriers qu'on emploie.

Les Médecins et les Chirurgiens, anciens et modernes, qui ont écrit sur cette maladie, et qui l'ont traitée, esclaves du préjugé et de l'habitude, n'ont rien dit de vrai ni d'utile, n'ont rien fait de bon ni de réfléchi; aussi ignorans les uns que les autres sur l'indication que la maladie présente, et sur la propriété d'un remede propre à guérir, tous se sont copiés aveuglément, et pour donner plus de confiance aux rêveries qu'ils débitoient, ils ont cité, comme autorité, ceux qui les ont précédés ; de façon que l'erreur, l'absurdité et l'ignorance des premiers auteurs et praticiens, transmises des uns aux autres, par une suite d'autorités jusqu'à nos jours, font la base de cette routine aveugle et meurtriere, que les plus fameux suivent aujourd'hui dans le traitement de la maladie vénérienne.

Un faux préjugé, une routine aveugle, une autorité mensongere, sont cause que dans les parties de l'Europe, même les plus éclairées, le genre humain est livré au plus mauvais traitement qu'il soit possible de faire et d'imaginer. Jamais préjugé n'a été plus absurde en Médecine, ni plus funeste à l'humanité, que celui qui regne à l'égard de la maladie vénérienne ! Trois siecles d'expérience n'ont répandu aucun jour sur sa nature et sur son traitement: l'ignorance et la déraison se sont réunies à l'orgueil et à l'intérêt, pour concourir ensemble à la honte de l'art et au malheur du genre humain.

Aujourd'hui même, il n'y a pas dans la république, ni en Europe, UN SEUL HOMME DE L'ART qui sache ce qu'il convient de faire, pour traiter méthodiquement cette maladie, ce qu'il fait, avec quoi il le fait, pourquoi il le fait, ni ce qu'il doit résulter de ce qu'il fait.

Aucun Médecin, aucun Chirurgien ne connoît la nature du mercure, sous quelle forme il opere, la cause de ses effets nuisibles ou salutaires ; d'où il résulte évidemment qu'aucun de ces prétendus guérisseurs ne peut diriger les bons, ni prévenir les mauvais effets de ce remede.

La méthode de tous est couverte du voile le plus épais, et conduite par l'ignorance la plus absolue. Cette méthode n'a pas en théorie une seule donnée vraie, ni en pratique un seul fait dont on puisse rendre raison. Joignez à cela l'usage du remede le plus traître et le plus dangereux que la Médecine connoisse, que l'art et la nature produisent.

Malgré cela, les partisans du mercure ont l'aveugle prévention de croire, ou la mauvaise foi d'assurer que cette méthode est éclairée, et la meilleure, et que le mercure est un remede doux, innocent, qu'ils administrent sans danger et sans inconvénient.

Si la maladie vénérienne a paru jusqu'à présent si redoutable, c'est que l'ignorance et la mauvaise-foi de ceux qui la traitent, ont mis sur le compte de la maladie, les fautes causées par leur impéritie, et les accidens occasionnés par le mercure.

Il est de fait que cette maladie, par sa nature et dans son principe, est une maladie légere, facile à guérir : le virus vénérien n'attaque pas le genre nerveux; le mercure l'attaque de la maniere la plus cruelle; ce virus n'infecte pas la masse des humeurs, le mercure les dissout et leur donne un caractere de putridité; ce virus n'affecte ni primitivement ni essentiellement les fonctions naturelles, animales et vitales; le mercure les affecte toutes de la maniere la plus funeste, et les symptomes fâcheux qui arrivent pendant et après le traitement, sont toujours les effets immédiats ou consécutifs et nécessaires du mercure, jamais le propre de la maladie vénérienne : les malades qu'on dit mourir de cette maladie, meurent des effets du mercure.

Les Médecins et les Chirurgiens, qui prétendent que le mercure est le vrai et l'unique remede de la maladie vénérienne, sont en Médecine, ce qu'est, en géographie, le paysan, qui croit que l'horison où se termine sa vue est le bout du monde.

Il répugne autant à la saine raison qu'il est contraire à une bonne pratique, de vouloir que le plus mauvais des remedes, le moins connu, et dont l'administration est aveugle, s'applique et convienne indistinctement dans tous les cas et à tous les sujets. Cela est aussi absurde, qu'il le seroit de vouloir colorier tous les objets de la nature avec une seule et même couleur. Cette maniere de faire la Médecine, est le comble de l'ignorance et de l'aveuglement ; c'est un charlatanisme aussi déshonorant pour l'art, que funeste au genre humain.

Aussi les partisans du mercure ont-ils toujours été et seront toujours dans l'état, un fléau plus dangereux et plus destructeur que la maladie même. Leurs écrits, leur exemple, leur pratique, ne servent qu'à aigrir le mal, à perpétuer l'erreur, à fortifier le préjugé et à entretenir l'ignorance.

Une vérité qui me coûte à dire, mais que ma conscience et l'amour de mes semblables me font un devoir de publier, c'est que tous les auteurs ou praticiens, partisans du mercure, sont des IMPOSTEURS IGNORANS, OU DES

IGNORANS TROMPÉS, ET LES MALADES
SONT LEURS DUPES OU LEURS VICTIMES.

Ces vérités affligeantes pour les malades,
et humiliantes pour les gens de l'art, sont
d'une trop grande importance pour que le
peuple, les législateurs, les ministres et les
administrateurs des hôpitaux les ignorent. Comment remédier à des maux dont on ne connoît
ni la cause ni la nature?

Les Médecins et les Chirurgiens blessés de
ces vérités, ou qui ne les trouvent pas fondées,
doivent me répondre et les réfuter : le but de
cet écrit est de les provoquer à le faire, et
même d'y obliger ceux qui, salariés par le
peuple, remplissent des places d'officiers de
santé. Il est du devoir des hommes et des
compagnies payés par la Nation, tels que les
Chirurgiens-majors des armées et des hôpitaux, l'académie des sciences, et la société,
jadis royale, de Médecine, de s'occuper de
l'objet le plus important pour la République,
de la santé et de la conservation des citoyens ;
ne pas le faire, c'est manquer à la Nation ; s'opposer à ce qu'un autre le fasse, c'est commettre
un crime de lèze-humanité.

En dévoilant à la France et à toute l'Europe,
l'erreur et l'ignorance funestes où l'on est sur

la maladie vénérienne et sur son traitement, mon intention n'est pas d'offenser les personnes de l'art, bien intentionnées, chez qui elles sont rachetées par d'autres connoissances. Il n'y a que ceux qui sentent leur insuffisance, qui peuvent m'en vouloir, particulierement ces hommes qui s'alimentent des maux de leurs semblables, et trouvent leur compte à les multiplier; ennemis des secours qu'on présente au peuple, ils ameutent leurs pareils, et s'arment de la calomnie pour décrier et rejeter des moyens salutaires, qui portent un trop grand jour sur leurs manœuvres, et nuisent à leurs intérêts, en détruisant un mal et un préjugé favorables à leur cupidité et à leur ignorance ; espèce d'hommes, fléau du genre humain, qui infectent les grandes villes, et particulièrement Paris, où, par l'insouciance ou la négligence de la police, la santé et la vie des citoyens sont à la merci du brigandage de la charlatanerie.

Les vérités que je publie sont incontestables : j'ose assurer qu'aucun des Médecins et Chirurgiens qui ont le plus de prétention à la célébrité, ou qui passent pour avoir le plus de connoissance sur la maladie vénérienne, ni ceux qui la traitent dans les armées et dans les hôpitaux , ne contrediront ce que j'avance: vérités , je le répete , qui doivent être généra‑ lement répandues, pour éclairer le peuple, pour dévoiler la mauvaise-foi et confondre l'igno‑ rance orgueilleuse de ceux qui, à l'abri de leur place, ou d'une réputation usurpée, voilant leur impéritie par leur impudence, induisent en erreur et jettent dans le péril le citoyen qui croit au prétendu savoir de ces guérisseurs renommés.

Ils m'objecteront qu'ils guérissent par leur méthode. Oui, ils guérissent, j'en conviens; je dis plus, on guérit de cette manière, même sans la participation de celui qui administre le mercure : le mercure seul fait la besogne, bonne ou mauvaise, sans que celui qui le donne ait la moindre part au succès, quoiqu'il ait la sotte prétention de se l'attribuer: mais gué‑ rit-on toujours? Par combien de maux et de dangers on parvient à cette guérison! et quels sont les résultats affreux de ce genre de trai‑ tement! C'est toujours en aveugle qu'on traite, et ce n'est jamais que par un heureux hasard qu'on guérit; hasard absolument indépendant de celui qui conduit le traitement; hasard dont aucun praticien n'a la moindre idée : d'après cela, quel compte tenir à l'art et à celui qui l'exerce, et quelle confiance méritent l'un et l'autre ?

Quoique la maladie vénérienne soit réputée grave et cruelle, elle est une des moins dangereuses et des plus faciles à guérir, et quoique son traitement soit le plus vicieux, le plus dangereux et le plus inconséquent de tous ceux qui se font en Médecine, néanmoins, d'après ma doctrine, il est susceptible de la plus grande perfection.

La nature a placé dans le regne végétal, et dans nos climats, un nombre prodigieux de remedes les plus convenables à la guérison de cette maladie ; remedes simples, d'un usage facile, sans inconvéniens, et sous la main de tout le monde.

Une étude suivie de la nature, une pratique réfléchie de la Médecine faites sans préjugés, m'ont appris que ces plantes conviennent spécialement à cette maladie, et qu'elles en sont le vrai remede. Le grand et long usage que j'en ai fait, m'a confirmé cette importante vérité : il falloit une méthode pour éclairer et diriger l'emploi de ces remedes, et en assurer constamment le succès ; la réflexion et l'expérience me l'ont enseignée.

D'après l'indication que la maladie présente,

et que j'ai su saisir, indication qu'aucun homme
de l'art ne connoît; d'après l'action connue
des remedes indiqués ; d'après l'analyse de leurs
principes, d'après l'analogie que les maladies
vénériennes et les maladies chroniques ont
entr'elles, je suis parvenu à mettre la maladie
vénérienne, regardée jusqu'à présent si dangereuse et si difficile à guérir, dans la classe des
maladies ordinaires ; et de rendre son traitement
simple et plus aisé que celui des autres maladies: j'y suis parvenu en observant et en imitant
la marche que tient la nature, seul guide que
tout Médecin doit suivre pour guérir ; marche
que, par une fatalité, par une inconséquence et un
aveuglement sans exemple, les gens de l'art ont
TOUS méconnue, et dont ils se sont TOUS écar-
tés dans le traitement de la maladie vénérienne.
Cinquante ans de méditation, de travaux,
de recherches et d'une pratique la plus étendue
qu'aucun homme de l'art ait jamais eue, pratique faite avec un ensemble de connoissances
principales et accessoires de la Médecine théo-
rique et pratique, connoissances dont aucun
auteur et praticien n'a été éclairé dans le traitement de la maladie vénérienne, et que pas
un de mes adversaires ne réunit, m'ont confirmé ce que je certifie sur ce que l'honneur

et la probité ont de plus sacré, et d'après vingt
mille guérisons opérées de cette manière, que
LES VÉGÉTAUX LES PLUS COMMUNS DE NOS
CLIMATS, ONT LA PROPRIÉTÉ DE GUÉRIR
SEULS LA MALADIE VÉNÉRIENNE, COMME
L'EAU A LA PROPRIÉTÉ D'ÉTEINDRE LE FEU.

Le traitement par les végétaux est doux,
simple, éclairé, commode et peu coûteux ; la
guérison est certaine, plus prompte que par
tout autre moyen : elle ne souffre pas d'excep-
tion. Ce traitement ne laisse après lui aucune
des suites fâcheuses qu'entraîne l'usage du
mercure : par les végétaux, il ne faut point
de préparation : ce traitement n'assujettit à
aucun régime, n'exige aucune privation, et les
malades, de quelqu'état qu'ils soient, en peuvent remplir les devoirs, pendant leur traitement ; même le soldat et le matelot, en temps
de guerre, en été comme en hiver, peuvent
faire leur service.

Il n'y a point de cas ni de complication qu'on
ne puisse traiter avec les végétaux ; ce qui est
physiquement impossible par l'usage du mercure. Quand on aura étendu l'usage des végétaux, on ne verra plus de ces symptomes
affreux, dégoûtans, incurables, qui sont les
effets et la suite de l'usage du mercure.

Le traitement par les végétaux que j'employe, n'est susceptible d'aucun inconvénient, pas même par l'ignorance de celui qui les administreroit, ni par l'imprudence de celui qui en useroit, tandis que les risques les plus grands sont inséparables de l'usage du mercure, et les accidens les plus funestes qui l'accompagnent sont très-communs.

Ces dangers et ces accidens sont la sécheresse et la chaleur de la peau, l'altération, la douleur et la pesanteur de tête, un mal-aise universel, la dureté, l'élévation et la fréquence du poulx, la fievre, l'agitation, l'insomnie, l'éréthisme, le spasme, le tremblement, les convulsions, la fétidité de toutes les excrétions, la chaleur de la bouche, la puanteur de l'haleine, l'engorgement des gencives et des glandes salivales, la décomposition de la salive, l'ébranlement des dents, leur sortie de l'alvéole, le gonflement de la tête, une salivation plus ou moins abondante, l'ulcération de l'orifice des conduits salivaires, des bords de la langue et des parties internes de la bouche, les escarres gangreneuses de ces parties, une cacochymie putride et purulente, des pertes, des hémorrhagies, la dissenterie, les crachemens de sang, des ulcérations aux poulmons, aux intestins, l'asthme, la phthisie, la consomption, la paralysie, l'épilepsie, l'aliénation d'esprit, et quelquefois la mort subite.

Le mercure, en quelque petite quantité que ce soit, introduit dans le sang par une, deux ou trois frictions, est une cause prochaine, suffisante et immédiate de mille maux, et de la mort même, sans qu'on puisse les prévenir; ainsi, dès le commencement du traitement, le malade est en danger de mort, sans avoir une certitude de guérison; et pour une tumeur, une ulcération, une excroissance, un écoulement, enfin pour une maladie légère, qui guériroit avec les remedes les plus doux et les plus simples, maladie que la nature seule guérit souvent chez des sujets bien constitués, un malade frictionné est exposé aux plus grands dangers et aux plus funestes accidens, tandis que par les végétaux, avec la certitude de guérir, il n'y a ni dangers ni accidens à craindre.

Quant à ceux qui traitent la maladie vénérienne avec des préparations mercurielles, salines, telles que les dragées de Kayser et le sublimé corrosif, aussi ignorans que les frictionnaires sur l'indication que présente la maladie, ils administrent des poisons, dont il faut une moindre dose journalière pour nuire ou empoisonner, que pour guérir.

Ce

Ce qu'il y a de singulier, et ce qui seroit ri-
sible, s'il ne s'agissoit pas de la vie des hommes,
c'est de voir ces prétendus guérisseurs dispu-
ter sur l'efficacité de ces préparations et sur
la préférence que l'une mérite sur l'autre, sans
avoir la moindre idée d'aucune. Ils ne savent
pas que le sublimé corrosif n'agit pas comme
l'eau mercurielle du *codex*; la panacée mercurielle, comme les dragées de Kayser; le turbit
minéral, comme le précipité rouge, etc. ILS SA-
VENT ENCORE MOINS EN QUOI CONSISTE
LEUR VERTU CURATIVE: la plus mauvaise
de toutes, entre les mains du plus ignorant,
guérit quelquefois, quand, par hasard, elle
est bien appliquée, et que le sujet en peut
supporter l'usage : ils ne savent pas que ces
préparations agissent différemment, à raison
de la nature de leur acide, de la quantité,
plus ou moins grande, qui entre dans leur
composition, de leur union plus ou moins
intime avec le mercure, de la dissolution plus
ou moins facile de ces préparations, et de leur
extension dans l'eau, sans se décomposer; ils
ne savent pas que leurs effets curatifs ou nuisibles, sont non-seulement en raison composés
des observations précédentes, mais encore des
symptomes, de l'âge, du sexe, de la cons-

B

titution et du tempérament des malades, à qui l'on donne, indistinctement, l'une ou l'autre de ces préparations.

Ce qui prouve l'ignorance et l'aveuglement de ceux qui les administrent, c'est que les plus dangereuses par la nature et l'action de leur acide, *le sublimé corrosif et les dragées de Kayser*, sont employées le plus communément. J'observerai, en passant, que les dragées de Kayser tant vantées, occasionnent le plus d'accidens, à cause de leur forme sèche ; elles ont fait plus de mal à l'humanité, que toutes les autres préparations salines : cependant c'est le remede que le gouvernement avoit adopté, et le plus favorisé ; elles ont coûté la vie à plus de cent mille hommes, la plupart militaires : on s'en sert encore dans quelques hôpitaux et au Gros-Caillou.

M. de Choiseuil, ancien ministre, avoit rendu une ordonnance, au nom du Roi, par laquelle tout Médecin ou Chirurgien qui n'employeroit point les dragées dans les hôpitaux, seroit chassé, IPSO FACTO, et déclaré incapable d'occuper aucune autre place. On pense bien que M. de Choiseuil n'avoit rendu une pareille ordonnance qu'à l'instigation et par les intrigues des Médecins, Chirurgiens, Commis, Entrepreneurs, que Kayser soudoyoit, pour favoriser le débit de ses dragées: j'ai une liste de ceux qu'il payoit; la plupart vivent encore; comme elle n'est pas écrite de sa main, ni signée de lui, je n'ai pas voulu la rendre publique.

D'après cet exemple de despotisme du Ministre et de friponnerie des subalternes, il n'est pas étonnant que ma méthode ait éprouvé un sort opposé à celui des dragées de Kayser. Payer des Médecins, des Chirurgiens, des Commis pour faire le mal, ou pour ne pas s'opposer au bien, est la chose la plus révoltante. Sous l'ancien régime, payer étoit une condition préalable pour traiter d'affaires. Quelque mauvaises qu'elles fussent, le don ou le produit étoit le thermometre du zele des agens.

Il est encore une autre maniere de traiter, par la *méthode mixte*; elle consiste à faire aux malades la moitié de deux traitemens différens : par exemple, de joindre aux frictions mercurielles l'usage interne du sublimé corrosif ou des dragées de Kayser; méthode qui réunit sur la même tête les différens accidens attachés aux deux traitemens; et de plus les inconvéniens de l'un et de l'autre s'aggravent mutuellement par leur réunion; de façon qu'on peut comparer un malade traité par *la méthode mixte*, à ces animaux qu'on veut détruire, à qui on tend un piége meurtrier, où il y a un appât empoisonné; s'il échappe à l'un, il périt par l'autre.

On me dira : cependant on voit une infinité de malades guéris de l'une et l'autre manière; je répondrai : ceux qui sont morts, ne peuvent réclamer contre. Il faut féliciter les malades guéris, comme l'on félicite les hommes de retour d'un long voyage sur mer, et ces soldats échappés sains et saufs d'une bataille meurtrière : il ne s'ensuit pas que dans l'un ou l'autre cas, il n'en périsse beaucoup.

Un malade demandoit à son Chirurgien, pourquoi il ne le frictionnoit pas? Le Chirurgien répondit : La méthode des frictions a trop d'inconvéniens; je préfere l'usage interne du mercure. —Pourquoi, dit le malade, me le donnez-vous dans du lait ou des mucilagineux? L'Esculape convint que le subliné corrosif, qu'il lui administroit, étant un poison violent, il cherchoit à en prévenir ou à en adoucir les effets destructeurs. —Cela n'est pas tranquilisant, repliqua le malade! Des adoucissans ne sont pas les préservatifs ni les correctifs d'un remède dangereux! Si vous n'avez que deux moyens de traiter, *les frictions et le sublimé corrosif*, un malade, dans vos mains, se trouve entre *Scylla et Caribde*; et encore conduisez-vous sa barque en aveugle....... On disoit autrefois : Si tu ne crains pas Dieu, crains la vérole ; on doit dire, avec plus de fondement : Si tu ne crains pas la vérole, crains le remede !

D'après le parallele que j'ai établi entre les avantages des végétaux et les inconvéniens inséparables de l'usage du mercure, dans le traitement de la maladie vénérienne, les gens de l'art, qui, par intérêt ou par orgueil, après les lumières que j'ai répandues sur ce genre de traitement, continueront d'employer le mercure ou ses préparations salines, doivent être regardés et traités comme des barbares ou des homicides, pour ne pas dire les bourreaux ou les assassins de leurs malades. Peut-on envisager autrement des hommes qui font le mal et s'opposent au bien, pour ne pas revenir sur leurs pas et convenir de leurs erreurs, et qui rendent le peuple victime du ressentiment de leur amour-propre?

Je prie mes lecteurs de ne pas s'offenser de ces expressions de bourreaux et d'assassins: quels que soient ma délicatesse et mon respect humain, je ne puis m'empêcher d'appeler ainsi des hommes qui, de propos délibéré, font souffrir et périr leurs malades par une mauvaise méthode, plutôt que de les voir soulager et guérir par mes moyens. Je suis témoin d'un nombre infini de ces horreurs! Les hôpitaux de la République en fournissent journellement des milliers d'exemples.

Mes ennemis ont accollé à mon nom les épithetes d'imposteur et de charlatan, sans en donner les preuves ; plus exact qu'eux, la preuve précede la qualification que je leur donne ; d'ailleurs, je parle en républicain, j'emploie le mot propre à la chose : quelles que soient mes expressions et mes comparaisons, si elles sont vraies, pourquoi ne pas m'en servir, quand elles manifestent au peuple trompé, des vérités qu'il lui importe de connoître, pour n'être plus dupe de l'ignorance et de la charlatanerie ?

Quels égards, quels ménagemens dois-je à mes colomniateurs, à des ennemis de la chose publique ? Je ferai plus ; si cette brochure ne produit pas l'effet que je desire en faveur du salut de mes concitoyens, je me propose, dans un appel au peuple, de désigner, par leur nom, par leur place, ceux qui n'auront pas répondu à mon invitation, et qui, par leur entêtement et par leurs intrigues, s'opposeront au bien qu'ils sont incapables de faire.

Les temps sont changés; celui de la vérité

est venu ; le citoyen qui a le courage de la dire, quand elle intéresse le salut public, a le droit d'élever la voix sans craindre l'abus de l'autorité, ni des rapports calomnieux et clandestins, tels que ceux qu'on a faits de moi et de ma découverte, dans tous les bureaux; procédé le plus infame, dont je poursuivrai et ferai connoître les auteurs, pour les livrer à la vengeance du peuple, qui est le jouet de leurs basses menées et de leur mauvaise foi.

D'après une conviction acquise par le temps et par l'usage, garantie par la probité la plus exacte, j'ai attaqué et combattu, pendant trente ans, l'erreur et l'aveuglement où l'on est ; j'ai indisposé contre moi les gens de l'art, pour m'être élevé au-dessus de leurs connoissances ; je m'en suis fait autant d'adversaires, dont l'injustice et l'animosité n'ont pas d'exemple, sur-tout de la part de ceux qu'un sot orgueil, un vil intérêt, un faux savoir, engagent à soutenir l'opinion vulgaire.

Jusqu'ici aucun Médecin, aucun Chirurgien n'a fait autant que moi de recherches aussi neuves, aussi utiles, ni un travail aussi profond, aussi lumineux sur la nature, sur la manière d'agir, sur les inconvéniens du mercure, et sur les avantages des végétaux, dans le traitement de la maladie vénérienne : que mes adversaires, qui se croient si supérieurs à moi, se montrent tels, seulement en le réfutant ? Je ne me suis jamais flatté, j'ai encore moins prétendu qu'on me crût sur parole. Je me suis attendu à voir mes adversaires me critiquer, publier leurs doutes, faire des objections, et les motiver, afin de me mettre à même de leur répondre, de développer ma doctrine, de m'étendre sur mes moyens, et de ne rien laisser à desirer aux plus incrédules, sur un objet aussi intéressant pour l'art et pour l'humanité.

Mes principes sont vrais, simples, naturels, leurs conséquences justes et nécessaires, les uns et les autres tellement liés entr'eux, démontrés à la raison, et confirmés par l'expérience, qu'ils me paroissent incontestables. C'est donc aux gens de l'art qui ne voient pas la chose comme moi, à me faire leurs objections ; j'y répondrai avec plaisir.

Au lieu d'une critique éclairée, d'une discussion honnête, on m'injurie sans raisons, on m'inculpe sans preuves, comme si des personnalités qui déshonorent ceux qui se les permettent, étoient des argumens à opposer à une découverte fondée sur les meilleurs principes de la Médecine, tandis que je donne des raisons, que je fournis des preuves de ce que j'avance, et que j'offre de faire tout ce qu'on desirera, soit par des écrits, soit par des traitemens publics, *ce que j'ai déjà fait*, ce que je propose de répéter et de continuer tant qu'on voudra, pour constater les vérités que j'ai découvertes.

S'il est une autre manière de se montrer mieux, qu'on me la prescrive.

Dévoiler l'ignorance, relever des fautes, détruire des préjugés dangereux, établir des vérités contraires aux idées reçues, vouloir changer l'opinion générale, avoir fait des découvertes utiles, par leurs moyens, procurer un des plus grands biens à l'état, et un des plus grands soulagemens à l'humanité, sont des torts ou des crimes que l'orgueil et la rivalité des hommes de la même profession ne pardonnent jamais. Voila les motifs de leur acharnement contre moi : dans l'impuissance de réfuter mes objections, ils n'ont d'autres armes, que la calomnie pour attaquer ma découverte, qui fait leur honte et leur désespoir.

On lit à ce sujet, dans l'Année littéraire, année 1782, n°. 18 :

« Les hommes qui, par leur talent, ont rendu
» à la sociéte les plus grands services, ont pres-
» que toujours été en butte aux traits de l'igno-

» rance et de l'envie.......... C'est le sort que
» vient d'éprouver M. Mittié, Médecin, pour
» avoir publié une nouvelle doctrine, avec la
» confiance que donne la probité, et avoir
» proposé au gouvernement l'essai public de sa
» méthode et l'usage des remedes sûrs, prompts,
» peu coûteux, exempts de toute espece de
» dangers et d'inconvéniens. C'est assurément
» le plus beau don qu'on puisse faire à l'huma-
» nité, et M. Mittié, dans Rome et dans Athè-
» nes, auroit eu des statues et des autels,
» comme conservateur de l'espece humaine.
» On conçoit bien qu'au lieu de statues et d'au-
» tels, il a été accueilli chez nous avec des
» injures et des calomnies ; c'est le premier
» salaire de quiconque fait une découverte
» utile ! »

La façon de penser et de se conduire des
hommes en place, devant changer avec la
forme de notre gouvernement, j'espere que les
Français, qui veulent imiter ou surpasser les
Athéniens et les Romains, accueilleront enfin
mes propositions ; ils sauront apprécier la santé
et la vie de leurs concitoyens, et joindre les vues
d'économie et de politique, aux sentimens de
fraternité et d'humanité.

Si l'ignorance, de tout temps, a été un obstacle au progrès des sciences, l'habitude et les préjugés leur ont été encore plus funestes. A ces trois causes qui, jusqu'à présent, ont retenu dans les ténebres le traitement de la maladie vénérienne, il en est une autre qui y a le plus influé, et qui plongeroit pour toujours dans le cahos ce qui concerne cette maladie, si je n'avois le courage de dénoncer cette cause, et de substituer la vérité à l'erreur, et les connoissances les plus profondes à l'ignorance la plus absolue,

En répandant la lumiere sur ce qui concerne la maladie vénérienne, je me suis fait beaucoup d'ennemis : la vérité que je vais dire en augmentera le nombre et surprendra mes lecteurs. J'ai voulu ménager mes adversaires, espérant les ramener à la vérité, les éclairer et les engager à faire le bien ; je n'ai pu y parvenir. Comme la chose publique souffre trop des égards que j'ai eus, je vais enfin la publier cette vérité, si importante pour l'art et pour l'humanité !

Je ne sais par quelle raison de convenance ou d'intérêt, ou par quelle inconséquence et quelle fatalité, les Chirurgiens en général, dans les villes, les campagnes, à l'armée, aux régimens et dans les hôpitaux, traitent les maladies vénériennes.

Cette maladie étant, sans contredit, une maladie médicale, a dû nécessairement, par sa nature, par ses symptomes, par ses variétés, par ses complications, et par la connoissance des différens remedes qu'exigent sa guérison, être traitée par des Médecins pour l'être méthodiquement; et les Médecins les plus éclairés y étoient les plus propres. Ce ne sont pas les remedes qui manquent à l'art, c'est l'art qui manque d'une bonne méthode et d'hommes instruits pour les employer.

Loin de s'arrêter à ces considérations et de sentir les inconvéniens d'une marche contraire, on a chargé les Chirurgiens, ou ils se sont chargés eux-mêmes, sans en prévoir les suites funestes, du traitement de cette maladie, n'ayant aucun moyen de le bien faire. Voilà donc un million de malades, à-peu-près, tous les ans, livrés à un traitement que le savoir, la raison et l'expérience n'ont jamais éclairé.

Les Chirurgiens ont aveuglément adopté l'erreur, le remede et la routine qu'ils ont trouvés établis; l'usage leur en a montré les dangers et l'insuffisance, mais aucun n'a été en état d'en connoître la cause ni d'y remédier.

C'est pourquoi ce traitement a toujours été et est encore aveugle, borné, infidele, insuffisant, dangereux, inconséquent, empirique, meurtrier et dans son enfance. Tous les Chirurgiens qui ont écrit sur cette maladie, et qui l'ont traitée, l'ont fait et le font aujourd'hui, JE N'EN N'EXCEPTE AUCUN, sans connoître l'indication que la maladie présente, d'où cette indication se tire, la nature et l'action des remedes indiqués, la maniere dont le virus agit dans l'économie animale, la marche et le travail de la nature dans cette maladie, comme dans toutes les autres.

Dans les milliers de volumes faits sur la maladie vénérienne, on n'en trouve pas un seul où il soit question de ces objets si essentiels; cependant ces connóissances sont aussi nécessaires au Médecin pour guérir, que la boussole, le gouvernail, les voiles et la manœuvre le sont au pilote pour naviguer.

Qu'on n'imagine point que la rivalité, la vengeance, ou une vaine déclamation donnent lieu aux reproches que je fais à toutes les personnes de l'art, particulièrement aux Chirurgiens.

Pour détruire des erreurs, il ne suffit pas de les combattre victorieusement, il faut encore attaquer les hommes qui les accréditent, si l'on veut arrêter dans sa source, le mal que font les uns et les autres.

D'après l'erreur ou le vice de l'administration des hôpitaux, et l'opinion en faveur des Chirurgiens, quels secours les malades peuvent-ils attendre? et quel dommage l'Etat ne doit-il pas souffrir du traitement des vénériens, pratiqué par des hommes à qui, en général, les connoissances de la médecine, de la chimie, de la botanique et de la matiere médicale manquent!

Si tous les citoyens, attaqués de cette maladie, doivent inspirer de la compassion, en les voyant livrés à des mains ineptes, cette compassion doit s'étendre davantage aux défenseurs de la patrie, qui, après avoir payé cherement un moment d'oubli ou de délire, languissent ou périssent dans les hôpitaux, causent une dépense immense à l'Etat, et le privent d'une partie de ses défenseurs; tandis qu'en employant ma méthode, ils serviroient la république comme leurs autres freres d'armes.

Peuple souverain, c'est votre cause que je défends; je mets de côté ce qui m'est personnel; votre salut, votre intérêt, exigent qu'elle soit discutée publiquement, et que des traitemens comparatifs démontrent de la manière la plus évidente et la plus authentique, les avantages de ma doctrine et les inconvéniens des méthodes usitées.

Sans votre volonté, sans votre appui, mes efforts seront inutiles; le fruit de cinquante ans de travaux, et la découverte la plus savante en Médecine, la plus nécessaire à votre conservation et la plus utile au genre humain, seront perdus. Que puis-je, seul, contre des milliers de détracteurs, intéressés à empêcher le bien que je puis faire? Ma voix est étouffée, mes écrits ne se répandent point, les faits sont dénaturés, et je suis calomnié par la multitude.

Quels que soient mon courage et mes moyens, puis-je, seul, détruire un abus, un usage, un préjugé consacrés par trois siècles? Puis-je, seul, détruire l'erreur, l'ignorance, que l'orgueil et l'intérêt s'obstinent à entretenir? Puis-je me défendre contre des ennemis qui se cachent? Qu'on les oblige de se montrer, d'entrer en lice avec moi, on verra la vérité triompher, et la vie des citoyens ne sera plus à la merci des passions de quelques particuliers.

Peuple, législateurs, ministres, généraux, magistrats, mettez-moi à même de faire, sous vos auspices, le bien que je propose; le succès surpassera votre attente. La découverte la plus heureuse et la plus importante pour l'humanité, mérite de faire époque dans la premiere année de la république.

Quel objet plus digne d'attention, que la conservation de l'espèce humaine! Cependant personne ne m'a écouté depuis trente ans. Quel homme plus digne d'être accueilli, que celui qui a le pouvoir d'arracher à la douleur ou à la mort un million de malades, chaque année, et d'économiser aux particuliers et à la république au moins vingt millions? Cependant, on rebute, on calomnie cet homme depuis trente ans! Et celui qui a fait le plus de bien à l'humanité, est traité comme son plus cruel ennemi!

Dans le cas où, en qualité d'homme, je m'abuserois; ou, comme imposteur, je tromperois, la vérité et l'humanité devant en souffrir, pourquoi, parmi les gens de l'art, tant de bouches m'ont calomnié? la vérité et l'humanité n'ont-elles pas trouvé une seule plume pour les défendre? Aucun, depuis trente ans, n'a attaqué mes faits, mes écrits, ni réfuté mes objections.

Si ma découverte m'a donné des droits au titre de bienfaiteur du genre humain, ce que j'ai souffert pour lui être utile, m'en donne de plus grands à sa reconnoissance.

En cherchant à acquérir des lumières, j'ai suivi mon goût, j'ai rempli les devoirs de ma profession; mais, j'ose le dire, ce qui est au-dessus du courage de tout homme, j'ai eu la constance, *pour éclairer et servir l'humanité*, d'essuyer, pendant trente ans, des déboires, des menaces, des persécutions de la part du gouvernement; j'ai souffert, dans mon repos, dans ma réputation, dans mon bien-être, tout le tort que mes ennemis ont pu me faire; et j'ai éprouvé dans les bureaux des hôpitaux de la guerre, de la marine et de mendicité, où j'ai été joué, calomnié et volé, toutes les atrocités que les agens subalternes de ces départemens se permettoient sous l'ancien régime.

Tandis que libre, sans ambition, n'occupant aucune place, n'en voulant point, n'ayant rien reçu du gouvernement pour les avances et les sacrifices immenses que j'ai faits, il ne tenoit qu'à moi de jouir en paix et à mon gré du fruit de ma découverte, j'ai préféré le salut public à mon repos, à ma fortune; j'ai supporté constamment les infamies qu'on m'a faites. Soutenu par mon talent et par ma probité, j'ai présenté à mes ennemis un front serein, une fermeté inébranlable, tandis que, par leur ignorance et par leurs intrigues, ils se sont couverts de honte et de mépris : je les ai attaqués publiquement, aucun n'a osé ni pu me répondre. Cette lutte qui dure depuis trente ans, entre le savoir et l'ignorance, entre le bien général et l'intérêt particulier, a toujours été au détriment de l'état et de l'humanité, par le despotisme des Commis et la mauvaise-foi de la plupart des Médecins et des Chirurgiens.

Aigri par l'injustice, abreuvé de fiel par la calomnie, je ne me suis point rebuté ; la vue et l'accroissement des maux du peuple ont augmenté mon zele, et je n'ai jamais désespéré d'en venir à mon but.

Quelle perspective plus agréable, quelle satisfaction plus douce, quelle récompense plus flatteuse pour moi, en voyant un million de citoyens, chaque année, livrés à la douleur, exposés à la mort, de pouvoir dire : J'adoucirai et je guérirai leurs maux, si on me laisse faire! Quels obstacles alors peuvent détourner un cœur compatissant d'un projet si humain ?

L'homme d'état, l'ami de l'humanité, dira : Le fait vaut bien la peine de l'examiner ?

J'ai toujours espéré qu'il viendroit un temps où la vérité et ma patience triompheroient, où mes veilles et mes travaux seroient aussi fructueux que je le desire à ma patrie et au genre humain. Il ne pouvoit arriver rien de plus favorable à mes vues, que l'heureuse révolution que la France vient d'éprouver ; cependant, quatre années se sont passées en démarches inutiles auprès des représentans du peuple ; malgré cela, je me flatte toujours qu'une nouvelle tentative sera plus heureuse que les précédentes, et que la Convention nationale, frappée du tableau que j'ai mis sous ses yeux, s'occupera enfin de la santé du peuple et de la conservation de ses défenseurs.

Sur un rapport fait à l'Assemblée nationale, de l'état de M. *la Peyrouse et de cent de ses compagnons*, égarés ou perdus dans des mers inconnues, l'Assemblée a voté et décrété, par un élan d'humanité, qui caractérise les Français, un million d'avance sur les dépenses à faire, malgré l'incertitude du succès, pour aller à la recherche de ces infortunés.

Si l'on réfléchit sur cet acte de sensibilité, et sur le silence de trois législatures à quatre de mes pétitions, où j'exposois les maux d'un million de citoyens, privés de secours convenables, et j'offrois de leur en procurer d'efficaces, on se demandera, Est-ce la même Nation, sont-ce les mêmes hommes, qui ont donné en même-temps cet exemple d'humanité et d'in-différence ?

Les cent infortunés, dont le sort a si vive-ment touché les représentans du peuple, peut-être n'existent plus, tandis que ce million de malades est répandu dans nos villes, nos campa-gnes, nos hôpitaux et nos armées : ces malades sont sous nos yeux ; on ne peut se dissimuler le tort que la république en souffre. Néanmoins les comités de la guerre, de la marine, de men-dicité, de commerce, d'agriculture, de santé et de secours, n'ont eu aucun égard à mes re-présentations, n'ont fait aucune réponse à mes mémoires, et pour se débarrasser de moi par une honnête défaite, ils m'ont dit et écrit : *Nous nous occuperons de cet objet selon l'ordre de nos travaux.*

Remettre à un temps plus ou moins éloigné, l'examen des secours à donner à des malades, est une inconséquence, une inhumanité sans exemple ! Quelle réponse pour des législateurs, pour les mandataires du peuple, de renvoyer à un temps indéterminé à s'occuper de ses maux présens !

J'ai observé à l'Assemblée nationale et à ses comités, que, sans retarder ni changer l'ordre de leurs opérations, il suffisoit, l'af-

faire étant un cas d'urgence, qui n'étoit susceptible d'aucune discussion, de donner des
ordres pour remédier à tant de maux; ordres
dont l'exécution étoit d'autant plus pressée,
que chaque jour de délai coûtoit la vie à un
grand nombre de citoyens; ordres que l'Assemblée, par un sentiment d'humanité, toute
autre considération à part, se seroit empressée
de donner, si l'un ou l'autre comité eût fait
son rapport.

En m'adressant au comité de salubrité, (son
Président étoit un Médecin), sous l'Assemblée
constituante, je disois : « Si la peste ravageoit
» un ou plusieurs Départemens, craindriez-
» vous de déranger *l'ordre de vos travaux*,
» ou attendriez-vous de les avoir achevés, pour
» faire votre rapport à l'Assemblée sur le danger
» où seroient ces Départemens, et lui demander
» ou lui proposer les moyens de venir au secours
» de cette partie souffrante de la Nation? Eh
» bien, jamais peste n'a fait, dans aucun pays,
» autant de ravage que la maladie vénérienne
» en fait habituellement en France, et n'a
» affligé, comme elle, tous les ans, un mil-
» lion d'individus, dont quinze mille meurent et
» trente mille languissent toute leur vie; et
» par une fatalité sans exemple, le remède qu'on

» apporte à ce mal est plus cruel et plus meur-
» trier que le fléau même. »

Et vous, ville de Paris, qui avez donné à
la Nation de si grands exemples de patrio-
tisme, verrez-vous sans étonnement qu'on re-
proche à vos Administrateurs des Hôpitaux
d'avoir manqué de soins et d'humanité ?

Après le rapport de M. de Liancourt sur les
vénériens de Bicêtre, rapport qui navre l'ame
de douleur et d'indignation par le récit de l'état
de ces malades, de l'insuffisance et de la cruauté
de leur traitement, pourquoi ces administrateurs n'ont-ils pas fait la moindre attention
à mes différentes pétitions à l'Assemblée nationale, à mes lettres au Département de Paris, à la Commune, à la Municipalité, tou-
chant un objet aussi intéressant, qui, le premier, devoit occuper ces administrateurs ?

Je leur ai moi-même adressé ces pièces ;
ils ont dû voir, page 4 de ma lettre à la
Municipalité, en date du 13 Février 1791 :
« Le vœu et le but de la Municipalité, étant
» de répandre sa bienfaisance sur tous les in-
» dividus qui ne peuvent recevoir que d'elle,
» les secours dont ils ont besoin ; les moyens
» que je propose rempliront ses vues d'huma-
» nité et d'économie ; les malheureux seront

» tous reçus et traités à mesure qu'ils se pré-
» senteront, et tous guéris d'une manière douce
» et prompte, quel qu'en soit le nombre, et
» à moins de frais que coûte le peu de ma-
» lades de Bicêtre. Pendant leur traitement,
» qui ne les gênera en rien, on pourra les
» occuper d'une manière utile à la maison.

» Comme il s'agit de la conservation du
» peuple et des intérêts de la ville, j'espère,
» Messieurs, que, desirant manifester votre
» zèle pour la chose publique, et justifier la
» confiance que vos concitoyens ont en vous,
» vous prendrez en considération ma décou-
» verte et mes offres. Elles vous mettront à
» même de satisfaire à ce que vous devez, en
» qualité d'hommes et d'administrateurs, à la
» partie indigente et souffrante du peuple, etc. »

On dira : Parmi ces administrateurs trois
sont Médecins, dont un administrateur en
chef; vraisemblablement ils ont décidé, comme
les autres Médecins et Chirurgiens qu'on a con-
sultés, dans d'autres circonstances, que votre
découverte étoit chimérique et que ses avantages
étoient illusoires ? Soit. J'ai toujours desiré d'ê-
tre jugé par mes pairs; ils sont juges compé-
tens. Comme ils sont aussi juges et parties, l'a-
mour de la vérité et de l'humanité leur impo-

soit l'obligation de motiver leur avis, leur jugement et leur refus, et de les rendre publics. *La publicité étant la sauve-garde du peuple*, pourquoi, en qualité de médecins administrateurs, ne l'ont-ils pas fait?

Quand des hommes, dans leur place et leur profession, ne font pas, soit par incapacité, soit par malveillance, le bien qu'on attend d'eux, ont-ils le droit de refuser l'homme qui s'offre et qui est en état de le faire? Ce refus, dicté par la morgue et la jalousie, est un acte arbitraire et despotique, contraire au salut des citoyens et à l'intérêt public, qui rend de pareils administrateurs indignes de la confiance du peuple.

Si des propos injurieux et calomnieux, suggérés par l'ignorance et par l'orgueil, ou par un esprit de parti, ont empêché l'usage de ma méthode, j'ai donc été jugé jusqu'ici sans qu'on m'ait entendu, et sur le rapport de juges et parties, intéressés à conseiller ce qui convenoit à leurs vues particulières.

Peuple souverain, et vous, citoyens de Paris, pour n'être plus victimes, comme vous l'êtes depuis trois siècles, de l'ignorance, du préjugé, de l'intérêt, de la jalousie, du faux savoir, de l'amour-propre et de la mauvaise-foi de

(41)

quelques individus et du brigandage de la charlatanerie, je vous prie, et vous Ministres, Généraux, Magistrats, je vous engage, pour le salut des citoyens, et pour le bien de la république, d'exiger de ceux qui vous sont subordonnés, ou que la nation salarie, *tels que le Conseil de Santé de la guerre, les Chirurgiens-majors et consultans des armées, les Chirurgiens-majors des hôpitaux militaires et de la marine, où l'on traite les vénériens, les Chirurgiens-majors les plus instruits des régimens et des vaisseaux, les Chirurgiens-majors des hôpitaux civils, les Chirurgiens-majors de l'hôtel-dieu de Paris, des Invalides, de la Salpêtrière, de l'hospice Saint-Jacques, du Gros-Caillou, etc. l'Académie des Sciences et la Société, jadis royale, de Médecine,* de répondre, dans le plus court délai, par écrit et cathégoriquement aux objections suivantes.

Je remettrai dans les différens bureaux un nombre suffisant d'exemplaires du présent ouvrage, pour l'envoyer aux personnes que je désigne ; on verra, par leurs réponses et par leur empressement à la faire, si leur zèle et leur savoir les rendent dignes des places qu'ils occupent.

Comme l'Académie de Chirurgie se trouve compromise dans la personne de tous ses membres, que j'inculpe d'erreur ou d'ignorance, de faux savoir ou de mauvaise-foi, il est à présumer que, pour son honneur et pour le salut du peuple, elle sera la première à faire, de son propre mouvement, une réponse digne de la réputation dont elle jouit.

Pour éclairer la nation, ces réponses me seront communiquées, et seront imprimées, avec les repliques que j'y ferai : comme il y va du salut du peuple, cette manière de procéder est nécessaire et la plus sûre pour arriver à la vérité et au bien. Si les personnes que j'ai désignées ne répondent point, et si les Ministres et les Magistrats ne les obligent pas à le faire, je les dénoncerai au peuple, pour qu'il demande justice des Médecins et Chirurgiens qui se jouent de la vie du citoyen, des Ministres et des Magistrats qui s'occupent si peu de sa conservation; que le peuple en fasse autant de moi, si l'on prouve que je calomnie l'art et ceux qui l'exercent.

OBJECTIONS (1)

Contre l'usage du Mercure en friction.

JE *n'affecte point de décrier les méthodes re-çues*, comme les ignorans me le reprochent : j'en fais sentir les inconvéniens, parce que je les connois ; aucune considération ne m'empêchera de les publier, lorsqu'il s'agit de la santé et de la vie des hommes. J'insisterai d'autant plus sur les défauts de ces méthodes, qu'elles sont toutes mauvaises.

Peu de gens de l'Art ont employé autant de mercure en friction que moi : comme je l'ai fait d'une manière plus réfléchie et plus éclairée que les autres Praticiens, j'en ai vu les effets différemment ; j'en ai connu la cause. L'expérience et les lumières que j'ai acquises, par un long usage, m'ont forcé de revenir du préjugé que l'on a, et que j'avois aussi en faveur du mercure.

____

(1) Publiées en 1780. Mes adversaires m'ont injurié; mais aucun n'a réfuté une seule de ces objections.

Afin de mettre la partie éclairée du Public et les personnes de l'Art en état de juger si ce que je dis du mercure le *décrie à tort*, ou si les éloges qu'on en fait sont fondés? je soumets à leur examen et à leur critique les questions et les objections suivantes: j'en donnerai, dans ma replique à la réponse que l'on fera, les solutions négatives, fondées sur des raisons et des faits dont aucun Praticien ni aucun Auteur n'a eu l'idée.

Que doit-on espérer, ou plutôt que ne doit-on pas craindre d'un traitement, où il n'y a qu'erreur, ignorance, fausseté, incertitude, hasard, obscurité, infidélité, inconvénient, insuffisance, inconséquence, absurdité, contradiction, danger, inutilité et accidens funestes! ce que je démontre par ce qui suit.

Traite-t-on la maladie vénérienne selon les règles de l'Art, comme elles s'observent à l'égard des autres maladies? c'est-à-dire, suivant les règles de LA THÉRAPEUTIQUE, d'après la connoissance de l'indication, de l'indiquant et de l'indiqué?......... Non.

Empirisme aveugle.

Le mercure et ses effets étoient-ils connus, quand on l'a mis en usage pour le traitement de la maladie vénérienne?....... Non.

Ignorance

La connoissance de la maladie vénérienne

Ignorance

a-t-elle éclairé son traitement par l'usage du
mercure? . . . . Non.

La maladie vénérienne, soit par sa nature, Erreur.
soit par ses symptomes, exige-t-elle, pour sa
guérison, l'usage du mercure, de préférence à
celui des autres substances, ou végétales, ou
minérales? . . . . Non.

Le mercure est-il un remède innocent, comme Fausseté.
on le croit? . . . . Non.

Le mercure est-il, pour la guérison de la Erreur.
maladie vénérienne, le seul ou le meilleur remède, et le plus convenable à notre climat et
à notre constitution? . . . . Non.

Est-il un seul de tous ceux qui font friction- Ignorance
ner, qui connoisse la pommade mercurielle? Non.

Est-ce d'après des principes connus et l'ai- Ignorance
tiologie de ce qui se passe dans la préparation
de la pommade mercurielle, que l'on fait cette
préparation, qu'on l'administre, et qu'on sait
les avantages ou les inconvéniens qui résulte-
ront de sa bonne ou mauvaise qualité? Non.

Est-on d'accord sur la manière de frotter? Non. Incertit.

Le malade que l'on frotte reçoit-il toujours Hasard.
du mercure? . . . . Non.

Est-il un moyen connu ou sûr d'estimer, je Obscurité.
ne dis pas au juste, parce que cela est physiquement impossible, mais seulement à-peu-

près, la quantité de mercure qui a passé dans le corps du malade frictionné ? . . . . . Non.

Ignorance   Connoît-on la manière d'agir du mercure ? . . . . Non.

Ignorance   Sait-on comment le mercure guérit ? Non.

Ignorance   Sa manière d'agir et de guérir est-elle la même ? . . . . Non.

Erreur.   Quand le mercure guérit, est-ce par une propriété qui lui est particulière, comme spécifique ? . . . . Non.

Erreur.   Le mercure agit-il et guérit-il directement, sous la forme globuleuse métallique, par son poids, sa divisibilité, son mouvement ? Non.

Ignorance   Sait-on si le mercure subit une modification particulière dans l'économie animale ? . Non.

Ignorance   Si le mercure subit une combinaison, sait-on de quelle nature elle est, combien de tems, après les frictions données, elle arrive, en quelle quantité elle se fait, si elle est proportionnée à la quantité du mercure reçue ? . . . . . Non.

Ignorance   Cette modification ayant lieu, connoît-on ses résultats directs ou indirects, et les effets, bons ou mauvais, qu'elle doit produire ? Non.

Infidélité.   Le bien et le mal que le mercure fait, sont-ils inséparables l'un de l'autre ? . . . . Non.

Inconvén.   Le bien et le mal qui résultent de l'usage du mercure dépendent-ils de la même cause? Non.

(47)

Connoît-on la cause des accidens que le Ignorance
mercure occasionne? Sait-on si cette cause est
simple, composée ou compliquée? ... Non.

A-t-on jamais distingué les accidens que Ignorance
le mercure donné en friction occasionne comme
substance minérale, d'avec ceux qu'il occasionne comme substance combinée? ... Non.

Sait-on pourquoi tous les sujets ne sont pas Ignorance
également susceptibles des bons et des mauvais
effets du mercure? .... Non.

Faut-il une quantité déterminée de mercure, Ignorance
soit pour guérir, soit pour occasionner les accidens qui lui sont particuliers? ... Non.

Les signes ordinaires sont-ils suffisans pour Insuffis.
prévoir les accidens que l'usage du mercure
occasionne? .... Non.

Y a-t-il un moyen sûr de les prévenir? Non. Insuffis.

Sait-on comment le mercure fait saliver? Non. Erreur.

A-t-on des moyens prompts, efficaces, pour Insuffis.
remédier aux accidens graves de la salivation?
.... Non.

Les moyens que l'on employe communément Inconséq.
pour remédier aux accidens de la salivation,
vont-ils à la cause de ces accidens? ... Non.

La salivation légère ou considérable, est- Erreur.
elle nécessaire à la guérison, comme c'est l'opinion commune? .... Non.

Ignorance ! La salivation est-elle un effet naturel du mercure, comme substance minérale? En connoît-on la cause? . . . . Non.

Absurdité. La salivation est-elle une crise de la maladie vénérienne et une crise nécessaire à la guérison, comme on veut le persuader? Non.

Insuffis.. Le mercure, comme spécifique de la maladie vénérienne, convient-il à tous les sujets? Non.

Insuffis. Le mercure, comme spécifique, guérit-il tous les sujets et tous les symptômes de la maladie vénérienne? . . . . Non.

Contrad. Puisqu'on regarde le mercure comme spécifique de la maladie vénérienne, explique-t-on pourquoi il se rencontre des symptômes graves dont il n'arrête pas les progrès, d'autres dont il augmente la violence, et quelques-uns qu'il rend incurables? Sont-ce là les effets et le caractère d'un vrai spécifique que l'on dit être infaillible? . . . . Non.

Danger. Le mercure peut-il se donner sans inconvénient, quand il y a complication avec une autre maladie? . . . . Non.

Inconvén. Le mercure peut-il également s'administrer dans toutes les saisons, sans exposer à plus d'accidens dans l'une que dans l'autre? . Non.

Erreur. Les préparations qui précèdent les frictions, ont-elles un objet déterminé? . . . . Non.

Les

Les préparations que subissent les malades, Inconséq.
attaquent-elles la cause du mal vénérien ? Non.

Ces préparations servent-elles à accélérer Inutilité.
la guérison ? . . . . Non.

Le régime que l'on fait observer aux ma- Ignorance
lades, pendant le traitement, a-t-il quelque
rapport avec la cause de la maladie, avec la
nature du remède, ou avec ses effets ? Est-
il propre à concourir, avec le mercure, à la
guérison ? . . . . Non.

Le mercure agit-il directement sur le virus Erreur.
vénérien ? A-t-il quelque affinité avec lui,
comme on le croit ? . . . . Non.

Quoiqu'on guérisse de la maladie vénérienne, Infidélité.
est-on toujours exempt des suites fâcheuses
de l'usage du mercure ? . . . . Non.

Sait-on, pourquoi les malades frictionnés
noircissent tous les métaux et blanchissent
l'or et le cuivre ? quelle est la cause de ces
deux phénomènes, et à quelle époque ils arrivent ? . . . . Non.

Quelles que soient la docilité, l'exactitude Incertitu-
du malade à faire ce qui lui est ordonné, de
quels que soient le savoir, la prudence de
celui qui administre le mercure, le malade
est-il toujours à l'abri de ses inconvéniens,
toujours assuré de sa guérison, même dans les

ças les plus simples, et avec la meilleure constitution ? . . . . Non.

Ignorance Quand le mercure, introduit dans le corps par les frictions, mêlé aux liquides, en suivant le cours de la circulation, est versé dans une des cavités qu'ils abreuvent, où se réunissant en globule, il ne peut plus être résorbé comme les fluides, et qu'alors, selon la partie où il est arrêté, il occasionne des effets dont on se ressent toute la vie, ou des accidens tels que des douleurs, des mouvemens convulsifs, l'asthme, la cécité, la paralysie, une mort subite ; y a-t-il des moyens sûrs d'en connoître le siége, d'en prévenir les effets, ou d'y remédier ? . . . . Non.

Accidens particuliers au mercure Enfin, peut-on se dissimuler ou nier, après les exemples malheureux que l'on voit fréquemment arriver, entre les mains des gens de l'Art les plus habiles, que le mercure fait tomber les dents, qu'il occasionne une salivation plus ou moins abondante, des fièvres, des hémorrhagies, des crachemens de sang, des pertes, des dyssenteries, des ulcères internes, la lienterie, l'avortement, le tremblement, des convulsions, la dissolution des humeurs, la paralisie, l'asthme, la phthisie, la consomption, la folie, l'apoplexie, la mort subite ?

D'après cela, comment le mercure, dangereux par lui-même, dont on ne connoît ni la nature, ni la manière d'agir, qui ne guérit pas toujours, et qui produit des accidens fâcheux, à la plupart desquels on ne peut remédier, peut-il mériter le titre de remède doux, universel, spécifique, et même infaillible? et la routine aveugle de le donner, peut-elle, en conscience, passer pour une méthode éclairée, et pour la meilleure des méthodes?

Il faut être bien prévenu, ou de bien mauvaise-foi, pour soutenir cette assertion, que l'expérience dément tous les jours.

Enfin, cette méthode universelle et si vantée, a-t-elle d'autres règles que celles dictées par la crainte, par la prudence qu'inspire l'usage d'un remède nuisible et infidèle, dont l'expérience a appris à se méfier?

Les gens de l'Art les plus célèbres, après la saignée, la purgation et les bains, préparations d'usage, plus nuisibles que favorables à la guérison, suivent-ils d'autres règles que celles d'éloigner, de rapprocher ou de suspendre les frictions, selon leurs bons et mauvais effets, d'augmenter ou diminuer la quantité de pommade qu'on y emploie, et de faire durer plus ou moins le traitement ?

Quels que soient les symptomes, l'âge, le sexe, la constitution, le tempérament et les complications ; cette pratique est-elle susceptible d'autres modifications ? N'est-ce pas toujours, dans tous les cas, le même remède et la même marche ?

Quand ce traitement ne réussit pas, que fait-on ? On en recommence un second : si celui-ci est aussi infructueux que le premier, l'on passe à un troisième, à un quatrième ; chacun propose et préfère sa manière de faire, qui ne consiste jamais qu'à répéter ce que les autres ont fait, sans qu'aucun puisse rendre raison de ce qu'il fait, soit sûr de ce qu'il en résultera, ni sache comment et pourquoi cela arrivera. Enfin, le malade meurt des effets du mercure, on le dit mort de la vérole. A cette manière de faire la médecine, connoît-on les vues et les principes d'une méthode éclairée et conséquente ?

L'on ne peut qu'être étonné de l'aveuglement des personnes de l'Art, qui sont dans cette croyance, et que plaindre les malades qui en sont les victimes.

D'après l'obscurité, les dangers et l'incertitude qui accompagnent l'usage du mercure, que l'on n'emploie jamais qu'en tâtonnaut, comment persuader, à ceux qui observent et qui réfléchissent, qu'une méthode, dont la théorie et la pratique n'ont pas une seule donnée vraie, soit une méthode sûre, éclairée et la meilleure des méthodes?

Ne pas connoître l'instrument dont on se sert; n'avoir aucune règle pour manier cet instrument dangereux; faire avec lui le bien et le mal indistinctement; ignorer ce qui les occasionne, par-conséquent, n'être jamais sûr de faire l'un et d'éviter l'autre; comment ne pas se plaindre d'un tel moyen, de la méthode et de ceux qui l'emploient? comment ne pas demander à quel titre l'on veut que ce remède soit regardé et préféré comme le meilleur; et ceux qui enseignent la manière de s'en servir, comme les maîtres dans cette partie de l'art de guérir? D'après leur faux système, et les maux qui en résultent, n'est-on pas en droit de faire aux partisans du mercure et à leurs malades, l'application de ce vers d'Horace :

Quidquid delirant Reges plectuntur achivi ?

Un point de théorie et de pratique, jusqu'ici inconnu, et que les gens de l'Art, sur-

tout les partisans du mercure, doivent savoir ;
c'est que le mercure, sous forme globuleuse,
métallique, n'est pas un remède à la maladie
vénérienne ; qu'il ne devient curatif qu'acci-
dentellement, par la combinaison qu'il subit
dans l'économie animale, et que c'est à cette
combinaison et à ses différens résultats que
sont dûs tous les accidens plus ou moins graves
qu'éprouve le malade que l'on frictionne, et
que les malades frictionnés qui n'ont point
eu, ou qui n'ont eu que de foibles accidens,
n'ont pas moins couru les risques d'essuyer
les plus graves. D'après ce fait, il est incon-
testable que le mercure en friction est le plus
traître, le plus infidèle et le plus dangereux
des remèdes, et qu'il est aussi physiquement
impossible d'en faire un remède sûr, exempt
d'inconvéniens, qu'il est impossible de changer le verre en diamant.

Que des hommes esclaves du préjugé, bornés
dans leur savoir, réduisent à l'usage du mercure, pour la guérison des maladies vénériennes, tous les moyens de la nature, et
toutes les ressources de l'Art ? cela n'est pas
étonnant. Mais que des personnes instruites
adoptent aveuglément cette erreur, cette prévention, cela est inconcevable. Il n'est pas

moins extraordinaire que la plupart des Médecins et Chirurgiens, sans égard aux faits existans, sans prendre la peine de les vérifier, nient la possibilité de guérir avec les végétaux, à cause de la douceur du moyen, parce que cela répugne à leurs idées, parce que cela est contraire à l'usage, et au-dessus de leurs connoissances.

En cherchant à désabuser les autres, je cherche à m'instruire; si de fausses connoissances égarent mon zèle, qu'on me détrompe, qu'on réponde à mes objections; qu'on justifie la méthode des frictions, des défauts que je lui trouve; qu'on prouve que le mercure est sans inconvéniens et l'unique remède à la maladie vénérienne; je reconnoîtrai mes torts, et ma réparation est toute prête par l'aveu de mon erreur.

———————

P. S. Par les informations que je fais, dans les hôpitaux militaires, sur les vénériens, pour savoir si leur traitement s'améliore, d'apr ès les lumières que j'ai répandues sur cet objet, j'apprends de Liège:

« Nous avons deux hôpitaux où l'on
» traite les vénériens; leur nombre est con-.

» sidérable. Voici la manière de les traiter
» en général :

» On les saigne deux fois, on les purge
» deux fois, on les émétise une fois, on les
» baigne neuf fois, on les frictionne douze
» fois ; avec cela, quels que soient l'âge, le
» tempérament et la constitution du malade,
» la nature et l'intensité des symptômes ;
» guéris si tu peux ? »

Grand dieu ! peut-on faire un traitement
plus absurde, plus inconséquent ? D'après quelle
indication et quelle expérience procède-t-on
ainsi ! Les saignées, les purgatifs, l'émétique,
les bains sont nuisibles à la guérison, ou au
moins inutiles ; quant au mercure, c'est le
plus mauvais remède qu'on puisse employer,
le moins propre à la guérison de la maladie
vénérienne, et le seul qui soit aussi dangereux et susceptible d'autant d'inconvéniens.

Ce traitement, malgré son insuffisance et
ses désagrémens, demande au moins deux mois,
et après le traitement, le malade a besoin de
deux ou trois mois de convalescence, avant
d'être en état de camper et de bivaquer, sans
courir les risques, en s'exposant aux injures de
l'air, d'avoir des douleurs et des rhumatismes,
dont il se ressent quelquefois toute la vie.

Cent mille soldats, attaqués de cette maladie dans le courant de l'année, seront ainsi traités, avec cette seule différence du plus ou moins mal !

Quel vide dans les armées ! quelle dépense pour l'état ! quelle cruauté pour les malades ! quelle honte ou quels reproches pour les gens de l'art !

O mes chers concitoyens ! ô généreux défenseurs de la patrie, à quelles mains livre-t-on votre santé et votre vie, en vous faisant subir un traitement si absurde, plus cruel et pire que la maladie !

N'est-ce pas avec fondement que j'ai dit et que je puis le répéter, que vous êtes entre les mains d'ignorans, de barbares et d'homicides ?

Peuple souverain, recommandez donc ou ordonnez à vos législateurs, à vos ministres, à vos magistrats, de remédier au mal que l'on vous fait et de s'occuper du bien que je puis vous faire. La santé et la vie de plus d'un million de citoyens, attaqués de ce fléau, tous les ans, doivent fixer l'attention d'un gouvernement paternel.

Ce que j'ai dit de la manière de traiter

le militaire, doit également s'étendre au traitement des marins.

Le nombre des matélots et des gens de mer n'étant pas suffisant au besoin de la République dans les circonstances présentes, il est de la dernière importance de s'occuper avec plus de zèle, de lumières et de succès qu'on ne le fait, de la conservation d'une classe d'hommes si précieux et si nécessaires, et de mettre en état de servir ceux que la maladie et le mauvais traitement qu'on leur fait retiennent dans les hôpitaux.

Je me contenterai de rapporter à ce sujet le précis des différens mémoires que j'ai remis depuis plusieurs années aux ministres de la marine, au comité de marine de l'assemblée nationale, et en dernier lieu au ministre actuel de la marine.

La maladie vénérienne est plus difficile à guérir en mer et dans les ports; elle est plus grave et plus rebelle chez les marins.

En général, l'usage du mercure en friction et des préparations mercurielles salines est plein d'inconvéniens et insuffisant pour guérir tous les individus atteints de maladie vénérienne. L'usage de ces remèdes a encore plus d'inconvéniens chez les marins; il leur est plus funeste qu'à tout autre homme, à cause du scorbut, dont la plupart sont affectés.

Dans les hôpitaux de la marine on emploie des gâteaux; ces gâteaux tiennent leur propriété médicamenteuse du sublimé-corrosif, le plus terrible des poisons. Le déguisement sous lequel on donne ce remède (la composition du gâteau), rend la dose du remède inégale, son administration infidelle et encore plus dangereuse par la forme sèche sous laquelle le malade prend le sublimé-corrosif.

On se sert aussi du rob anti-syphillitique, pour lequel la marine paye dix-huit livres la bouteille. Il en faut pour un traitement, cinq, six, huit, dix bouteilles, et quelquefois plus ; ce qui, avec les accessoires de ce traitement, le rend très-dispendieux.

D'ailleurs ce remède a des inconvéniens ; il ne guérit pas toujours, ne convient pas à tous-les malades, ni dans tous les cas ; et le régime rigoureux qu'on observe pendant son usage, est absurde, gênant et impraticable en mer.

Et en cas de guérison, soit sur terre ou en mer, le malade a besoin d'une longue convalescence. Un malade qui a été, pendant quarante jours à une diète stricte et à l'usage d'une boisson sudorifique, ne peut, sans courir les risques d'accidens graves, s'exposer au froid et à l'humidité.

Les moyens de traiter les marins attaqués de la maladie vénérienne, se réduisent donc à des remèdes infidèles, insuffisans, meurtriers, assujettissans et coûteux ? remèdes spécialement funestes aux marins.

Les remèdes que je propose, dont l'efficacité m'est confirmée par quarante ans et plus de pratique et de succès, sont tirés du règne végétal, guérissent en même-temps le scorbut et la vérole, sans retenir le malade à l'hôpital, et ils réunissent toutes les qualités de remèdes doux, simples, efficaces, d'un usage facile, commode et sans inconvénient. Ce traitement est méthodique, fondé sur les meilleurs principes de la médecine ; il est peu coûteux, plus court que par tout autre moyen, praticable sur mer comme sur terre, en été, en hiver, et sans entraîner dans aucune dépense accessoire.

Les médecins et les chirurgiens instruits de ma méthode auront la faculté, par le secours des végétaux, de remplir à-la-fois les indications de la maladie vénérienne et des mala-

dies compliquées avec elle, telles que le scorbut et autres; et ils mettront dans leurs traitemens les nuances, les modifications et les
variétés que le tempérament et la constitution des sujets, la nature et la gravité des
symptomes exigeront; ce qu'il est physiquement
impossible de faire avec le mercure en friction, avec ses préparations salines et avec le
rob anti-syphilitique.

Si les obstacles et les entraves que la jalousie, l'ignorance et l'intérêt ont mis jusqu'à
présent aux progrès de ma méthode et à l'u-
sage de ma découverte sont incroyables et
faits pour exciter le mépris et l'indignation
des hommes honnêtes et des amis de l'humanité;

L'indifférence ou l'insouciance des ministres et des administrateurs sur les ravages que
cause ce fléau et sur les moyens que je propose depuis long-tems d'y remédier, ne doit
pas moins exciter l'étonnement du public et
les plaintes des malheureux.

C'est particulièrement dans les bureaux de
la marine et de la guerre où j'ai rencontré
le plus d'opposition. Aujourd'hui même, où
l'usage de mes moyens devient plus nécessaire, c'est-là où la calomnie et la mauvaise

foi intriguent le plus, pour s'opposer au bien que je puis faire.

C'est donc à une administration guidée par des sentimens d'humanité, des vues politiques, des principes d'économie, de prendre en considération et sous sa protection, une découverte, fruit du savoir et de l'expérience, et d'une si grande importance pour le salut des citoyens et pour les intérêts de la République.

De l'Imprimerie de CORDIER, rue Galande, N.° 58.

www.ingramcontent.com/pod-product-compliance
Ingram Content Group UK Ltd.
Pitfield, Milton Keynes, MK11 3LW, UK
UKHW022134070726
13613UKWH00003B/1346